দূরের ভিড়ে জলের কিনারা

দেবদত্ত চক্রবর্ত্তী

notionpress
.com
INDIA · SINGAPORE · MALAYSIA

Notion Press Media Pvt Ltd

No. 50, Chettiyar Agaram Main Road,
Vanagaram, Chennai, Tamil Nadu – 600 095

First Published by Notion Press 2021

ISBN 978-1-63997-606-5

উৎসর্গ
দেবাঙ্কিতা এবং
মমতা
গোস্বামীকে

সূচিপত্র

কথামুখ

এই সময়, যার কথা ছড়িয়ে আছে 'দূরের ভিড়ে জলের কিনারা' কাব্যগ্রন্থের প্রায় প্রতিটি কবিতার শব্দ বিন্যাসে, তা অনেকটাই যেন তপ্ত রোদে দাঁড়িয়ে হিম ঠাণ্ডায় শরীর বরফের মতো জমে উঠা মুহূর্তগুলোর মতো! এখন যে দিকেই তাকানো যায়, কেবলই মনে হয় এক নির্বোধ নীল বিষন্নতা অতিমারির মতো ছড়িয়ে আছে শষ্যের দানায় দানায়। ঘৃণা বিদ্বেষ আর অবক্ষয়ে ভরে উঠেছে আমাদের এই গ্রহ। বিশ্ব মানচিত্রে থাকা আমাদের এই প্রিয় দেশটি গৌতম বুদ্ধের ছায়ার নিচে দাড়িয়েও কি নিজেকে বাঁচাতে পেরেছে তীব্র অসহিষ্ণুতার ক্রমবর্ধমান উষ্ণতা থেকে?

ছোট সময় মা আমাকে বলতেন, যদি আ-এ আমটি আমি খাব পেড়ে হয় তবে প-এ প্রশ্ন করা সবচেয়ে কঠিন হবে না কেন? তখন আমি আবাক হয়ে ভাবতে থাকতাম, কই আমিতো অবিরাম মাকে প্রশ্ন করি। একবারো মনে হয় না প্রশ্ন করা কঠিন কিছু! কিন্তু আজ মনে হয় এই পৃথিবীর সবচাইতে কঠিনতম কাজটিই বুঝি প্রশ্ন করা কারন সমাজের উঁচু তলায় যাদের বাস তাদেরতো প্রশ্ন করার অধিকার থাকতে

পারে না কারোরই। তারা সমস্ত প্রশ্নের উর্দ্ধে। সামন্ততান্ত্রিক প্রভুদের মতো।

একটা কাল্পনিক উন্নয়নের স্বপ্নে বিভোর হয়ে আমরা ছুটে চলেছি দ্বিগবিদিগ শূন্য হয়ে। না আছে আমাদের ঈশ্বরের প্রাতিষ্ঠানিকতাকে প্রশ্ন করার সাহস না প্রভুত্ববাদকে! আমরা আমাদের নিজস্ব চিন্তা ভাবনা, আবেগ অনুভূতি, ন্যায় নীতি এবং চেতনা বুদ্ধিকেও আর বিশ্বাস করতে পারছিনা। এমনকি ভালবাসার টানাপুড়নে ক্ষতবিক্ষত মানুষের কাঁটাতারে ঝুলন্ত শরীর দেখেও আমরা শিউরে উঠি না। শুধু জেগে উঠে এক শক্তিশালী রাষ্ট্র ব্যবস্থা।

চারপাশের এই অন্ধকার বিপর্যস্ত সময়ে একমাত্র কবিতাই হতে পারে সার্থক উত্তরণের হাতিয়ার। আমার নিজের কাছে অন্তত তাই মনে হয় এবং আমি বিশ্বাস করি এই সময় "সাদা কাগজে কালো অক্ষরের" কারিগরদের জেগে উঠার সময়, প্রতিবাদের সময় এবং প্রশ্ন করার দুঃসাহস দেখাবার সময়। একজন কবি হিসাবে এই দায়বদ্ধতা এড়িয়ে যাওয়া অনুচিত এবং "দূরের ভিড়ে জলের কিনারা" কাব্যগ্রন্থের কবিতা তাই নির্দ্ধিধায় খুলে দেয়- 'তার অতল/ তার ধর্ষিত যৌনাঙ্গ/ যার অন্ধকার অতল বেঁয়ে চুঁইয়ে পড়ে শতাব্দীর পরাজিত রক্ত'।

এরপর বলার মতো কথা আর হয়তো থাকে না। তবু সর্বকালের কবিতা সংকলনের মতোই এই একক কবিতা সংকলনেও এমন আরও অনেক কবিতা সংযোজিত আছে যা প্রেম ভালোবাসা এবং মুগ্ধতার কথা বলে যা আপাত ভিন্নতা সত্ত্বেও এই ছিন্ন সময়কেই উপস্থিত করে পাঠকের দরবারে:

আজ আরেকবার তুমি ফিরিয়ে দাও
সেই হারানো বিশ্বাস
যেন আমরা ছুটে যেতে পারি
প্রতিটি মুদ্রাদোষে ভেঙ্গে যাওয়া জীবনের পাশে!

কৃতজ্ঞতা স্বীকারঃ
বিজয়িনী ভট্টাচার্য, সন্দীপন ধর, রসিদ খান
এবং আমার কবিতার প্রকাশক 'নশন প্রেস' - এর
কাছে আমি কৃতজ্ঞ।

সুরমাতীরের মহাবটবৃক্ষ!

(অবিভক্ত বাংলার স্বাধীনতা সংগ্রামী শ্রী দীনেশ চন্দ্র চক্রবর্তীর স্মৃতির প্রতি নিবেদিত)

বেঁচে থাকার দ্বিতীয় প্রয়াসে
বর্ণহীন আকাশ ভরে গেছে এক আশ্চর্য
আভাসে। স্মৃতিগুলো ওঠে এসেছে
স্বর্ণের বিস্ময়ে মনের দরজা খুলে
হে আমার চির উদাসী
তরুরাজ!

সেই কবেকার সুরমা নদীর বাঁকে
দাঁড়িয়ে ছিলে তুমি উচ্চশীর পাখিদের আশ্রয়
শকুন বাদুড় আর গাঙচিল। ছায়াচ্ছন্ন শ্যামশ্রীর দিগন্ত
বিস্তৃত পল্লী
নেমে আসা সূচীভেদ্য অন্ধকার আর তোমার বুকে
জন্ম নেওয়া অতিন্দ্রিয়ের রহস্য ভরা অদৃশ্য আবাস!

হে তরুরাজ!
হে আমার প্রিয়তম বন্ধু!
মনে পড়ে তোমার শীর্ষ ছুঁয়া আকাশ
যা ধরে রাখে তার বুকের বোঁটায় বন্দী মেঘের দানা!
মনে পড়ে তোমার দেউল ঘিরে জমে ওঠা

পৌরাণিক কথকথা যা নশ্বর শব্দের গায়ে ভরে দিত
ভাষা!

কোন গ্রীষ্মের দুপুরে
নগরের কোলাহল ছেড়ে
সুরমার বুকে ভেসে যখন ফিরতাম
আমার ঘাসফুল গন্ধ ভেজা পল্লীর প্রান্তরে

হে উদাসী তরুরাজ!
আমার বিপন্ন বিস্ময় আশ্রয়
খোঁজে নিত তোমার শিকড়ে!
যখন বেলাশেষের শেষ আলো সুরমার সিঁথি বেয়ে
ঝরে পড়ত হৃদি ধন্যতার মায়ায় তখন
শব্দের নাভিমূলে শুধু ঘরে ফেরা টান!

হে উদাসী বটবৃক্ষ!
আমার দিকচিহ্ন! আমার বেলাশেষের শেষ উত্তরায়ণে
ফুটেছে তোমার ছবি উজ্জ্বল! জানিনা আজও
তুমি আছ কিনা সেই তটভূমি জুড়ে! এখনো তোমাকে
ঘিরে খেলে কি অষ্টাদশী বন্দী বন্দী খেলা?
এখনো কি স্মৃতিজলে ভিজে ওঠা
বেদনাসিক্তবিকাল আশ্রয় মাগে তোমার অনিঃশেষ ত্রিভুজ
মায়ায়?

লং লিভ রিভলিউশন

আমার সমস্ত চিন্তা
আমার ভাবনার শুদ্ধতাকে ঘিরে কারন
আমার সমস্ত চিন্তা আমারই দহন যার উষ্ণতা
ঘিরে কেবলই তোমাদের ছন্দহীন অস্থিরতা
চীৎকার এবং আর্তনাদ যা শুনে
ভয়ও পালিয়ে যায় কারণ
তাদের আলো
একাকীত্বের চুল্লির ভিতরে
পুড়ে পুড়ে নিরাকারে অদৃশ্য!
তোমরা প্রত্যেকেই বেঁচে আছ
নিজস্ব এক একটি বৃত্তের ভিতরে যদিও আমরা
এক সময়ে এক পৃথিবীতেই বাস করছি! কেন তবে
আমরা একসঙ্গে একমঞ্চে এসে দাঁড়াতে পারিনা?

আমি তোমার মধ্যে আমার প্রতিবাদী মনকে রেখে
পৃথিবীকে ডানায় উত্থিত করতে চেয়েছিলাম
কারণ তোমরা আমার জীবনেরই অংশ
কারণ তোমাদের আনন্দে
সিঁড়ি ভেঙ্গে উঠে আসে চাঁদ
এবং

তোমাদের দুঃখে
নীরবতা পর্দা ফেলে নিঃশব্দের মৌন শিখরে!
আমরা একসাথে চলতে চেয়েছিলাম ভবিষ্যতের দিকে
আমরা একই স্বপ্ন দেখেছিলাম। এমনকি আমরা
একই প্রতিশ্রুতি দিয়েছিলাম যে আমরা
খোঁজে নেব একই পরিনতি
আমরা একসঙ্গে প্রতিবাদ করেছি
কাঁধে কাঁধ রেখে
ভয়ডর মুছে বাতাস মুখর করেছি
শাসকের পেশী শক্তির বিরুদ্ধে
দিনের পর দিন আমরা
একই প্রতিশ্রুতি খোদাই করেছি
নকশালবাড়ির অন্ধ দেয়ালে
আমাদের সেই মুক্তির লড়াই এবং
তার স্বাদ থেকে বেরিয়ে
এসেছি আমরা যা ছিল আমাদের জীবনের
শ্রেষ্ঠতম কাজ যা
আমাদের ঐক্যবদ্ধ করে রেখেছিল
দুর্জয় একটি স্বপ্ন
একটি আশ্চর্য মন্ত্র
যা বাতাসকে করতে চেয়েছিল পরিশুদ্ধ
উন্মোচিত করতে চেয়েছিল
কুয়াশায় ঢাকা ছায়াগুলোকে
মন্ত্রের নির্বেদ উচ্চারণে তুমিও বেরিয়ে এসেছিলে

শব্দের মালা হাতে : ইনকিলাব জিন্দাবাদ! লং লিভ রিভলিউশন!
তোমার কথা আমি
মনের কোণায় গোপন করে রেখেছি
যা আমাকে প্রতিনিয়ত উজ্জীবিত করে
তোমার গন্ধ নিতে নিতে এবং
তোমার জ্ঞান চিবিয়ে চিবিয়ে
শুদ্ধ হয়ে উঠেছিল আমার আত্মা
খোঁজে পেয়েছিল নিজের মধ্যে এক অসীম শক্তির প্রকাশ
যা আমাকে মাটিতে বেঁধে রেখেছিল এবং শিখিয়েছিল
লক্ষ লক্ষ দরিদ্র নিপিড়িত কৃষকের বুকে পুঞ্জীভূত
বেদনার ভাষা পড়তে এবং শিকড়ের ব্যাথায় অতলের
কাছে পৌঁছে যেতে!

আজ আরেকবার তুমি ফিরিয়ে দাও
সেই হারানো বিশ্বাস
যেন আমরা ছুটে যেতে পারি
প্রতিটি মুদ্রাদোষে ভেঙ্গে যাওয়া জীবনের পাশে
যেখানে ক্ষুধা আর ঘৃণা, জীবন এবং তার দুর্গন্ধ
কাঁচের গুঁড়োর মতো চাঁদের আলোয় উজ্জ্বল দগদগে!
আমাকে শেষবারের মতো তুলে ধরতে দাও
মানুষের ঘুমন্ত সত্বাকে যার ডানায় লিখা আছে পৃথিবীর
মুক্তির ইতিহাস!

মহাজীবনের পথে

এই ভরা রাতে
গভীর শূন্যতার নীলে
কাঁস্তে নিয়ে চাঁদ
অপেক্ষা করে আছে আমার!

মহাজাগতিক
ক্ষেত্র থেকে ফসল কাটবে বলে!

অরুণাচল থেকে উত্তরাখণ্ড
আমি মাতালের মতো
ভ্রমন করে চলেছি মহাজীবনের পথে!

একাকী ভাসে চাঁদ ঘাটের জলে

তোমার শরীর একটি বাগান
ফুলভারে নত! আমি সেই বাগানে
নৈঃশব্দের ডানায় ভর দিয়ে
শূন্যতার পদচিহ্ন আঁকি!
বাগানের দুইপাশে
দুটি টিল্লা
ভালবাসার আধিপত্য সূচিত
আমি কি তোমার টিল্লায়
শাশ্বত আলোর উপর অত্যাচার করছি?
তোমার ডালপালা জীবন্ত আয়না
নববঁধূ সাজ
তবু যেন
সব নিয়ে বন্দী আকাশ!
তোমার গিরিপথে আমার ডুবন্ত ঠোঁট
ঝর্ণার গন্ধ জল! বৈঠা শুধু প্রহর ভাঙ্গে
বদ্বীপ অভয়ারণ্য! তোমার এলাকায়
আমি দূর পরবাসী! ক্ষমা কর তুমি
দিনশেষে স্তম্ভিত রাত্রি
যদি দেখে একাকী ভাসে চাঁদ ঘাটের জলে!

পূর্ণতার অনুভব

নীরবতাকে পাশে নিয়ে এখন
আমি দিনের পর দিন কাটাতে পারি যেমন
ক্লান্তদিন নিয়মিত প্রদক্ষীন করে চলে রাত্রিকে!

প্রেমের পরিসমাপ্তিহীন রুগ্ন আলোয়
যখন তুমি আমার থেকে বহুদূরে তখনো
আমার স্বপ্ন ভরে উঠে তোমার মৌরীফুল গন্ধে
এবং জানি তুমি ফিরে আসবে একদিন এবং
অনন্ত একটি রাতকে আলোকিত করবে
যার অন্ধকারে আমি এখন শুয়ে আছি
আশ্চর্য এক পূর্ণতার অনুভবে
যেখানে তোমার উজ্জ্বল উপস্থিতি
ওদেরকে উজ্জীবিত করে
সবকিছু অতিক্রম করতে
দুঃখকষ্টব্যাথা, জীবন এবং মৃত্যু!

একদিন চলার পথে যখন
বিপন্নতা ছড়িয়েছিল আমার চতুর্ভূজে
তোমার হাতে ছেড়ে দিয়েছিলাম আমার ভাগ্য
তোমার আত্মা যা ছিল একটি সমুদ্রের মতো

তার দক্ষিণা হাওয়ায় আমি নৌকা বেয়ে গেছি শুধু ছায়ার মতো!

পৃথিবী

পৃথিবী
আমি তোমাকে বলছি
তুমি কি বুঝতে পার যে
আমি কিছুই বুঝতে পারিনা!
নীলনদীর সামনে বসে
যখন তোমাকে অনুভব করার চেষ্টা করি
অথবা লে থেকে লাদাখের পথে
যেতে যেতে শব্দ শুনি তোমার অন্তহীন
সুন্দরের ভিতর থেকে গোঙিয়ে উঠা
তীব্র হাহাকারের
আনন্দ এবং অনুশোচনার
জটাজালে দাঁড়িয়ে নিজেকে আমি
পুনরায় আবিষ্কারের চেষ্টা করি এমনকি
তীব্র কুয়াশার আড়ালে দাঁড়িয়ে
আমার যত যন্ত্রনা তোমার ভিতরে ঢেলে দিয়ে
দেখতে চাই তোমার প্রতিক্রিয়া!

তুমি যখন আমার সঙ্গে থাক এবং
আমার মগ্ন চেতনাকে ধারণ করতে চাও
আমারই মতো করে সহজ পথে
বিশাল বনভূমি সেজে

পাহাড়ে পাহাড়ে ছড়িয়ে দাও শরীরী রেখা
তখন আমার মনে হয় দিনগুলো যেন স্বর্গের দিন
যার দরজা শুধু সমুদ্র আর সমুদ্র
তুমি আমাকে নিঃশব্দে
ঠেলে দাও সেই সমুদ্রে
যা তোমার হৃদয় এবং যেখানে তুমি
বাধ্য করো আমাকে হৃদয় ভ্রমনে
কারন একমাত্র হৃদয়ই শুনে হৃদয়ের ডাক!

আমি তো
সকল প্রচেষ্টায়
তোমার হয়ে উঠতে চাই পৃথিবী!
চুপিচুপি আজ
তোমার কানেকানে বলি
তোমার রঙ আমাকে জ্যোতির্বিজ্ঞানের
রঙের চেয়েও বেশি টানে
তোমার আকাশ
তোমার সূর্য
তোমার আল্পস অথবা তিস্তা
এমনকি তোমার অন্ধকার নিস্তব্ধতা এবং আমার ডুবে যাওয়া!

যা কিছু তোমর একান্ত নিজস্ব
আচার অনুষ্ঠান, পৌরাণিক কাহিনী
ব্যাথাবেদনা অথবা জোয়ারভাটা
সবকিছুই আমার
জানিনা আমি

এই তীব্র প্রেমের টানাপুড়নে কে পরাজিত আর
কে একা একা বসে কাঁদে সূর্য ডুবা পৃথিবীর নৈঃশব্দের
গভীরে!

যাদুকাঠি

এই যান্ত্রিক জীবনে
সমস্ত কিছুই কেমন যেন সস্তা হয়ে গেছে
এবং আমাকে মিথ্যা বলতে হবে যে
তোমার কন্ঠস্বরটি অতুলনীয়
কারণ তোমার হাতে আছে
সেই আত্মবিশ্বাসের যাদুকাঠি!

শূন্য হৃদয় যে কতটা বধির
তুমি বুঝতে পারনা
তুমি আমাকে আঁকড়ে ধরে বাঁচতে চাও
কারণ তুমি ভাব আমি একদিন পালিয়ে যাব
কিন্তু আমি পালাতে পারিনা কারণ
আমার মূল্যবোধ বাঁধা অন্য এক ডোরে
যা আমাকে করেছে তুলনার চেয়ে মূল্যহীন
এবং আমার অহংকার আমাকে কুরে কুরে খাচ্ছে
আমি চাই আমার পদক্ষেপগুলো সংশোধন করি
কিন্তু আমি যে একেবারে নগ্ন হয়ে গেছি
আমার কৌশলগুলিও অর্থহীন হয়ে গেছে
আমার মুখের উপর একটা মুখোশ
আমি মুখোশটাকে বয়ে বয়ে ফিরছি
দিনের পর দিন এবং রাত্রি

তোমার কথা, তোমার ভাঙ্গা প্রতিশ্রুতি
গোঁদের উপর বিষফুড়ার মতো
ভারী করে তুলেছে আমাকে
আমি আমার ইন্দ্রিয়ের মুখোমুখি দাঁড়াতে চাই
আমি এই ক্ষোভের নৌকাটিকে উল্টে দিতে চাইনা
কারণ কোথাও না কোথাও এতে আছে আমার একটি
প্রশ্রয়!

দ্বীপের মায়া

জীবন কি শুধুমাত্র
মৃত্যুর ভাসমান দ্বীপ?
নাকি গল্পগাঁথা! কামিনী কাঞ্চন
মায়া? জীবন কি শুধুমাত্র
অতীতকে ফিরে ফিরে দেখা
হৃদয়ের কাঁচে ঝরে পড়া চিরতুষাররেখা
নাকি নিয়তির কাছে বন্ধক রেখে ভবিষ্যৎ
শুধু দুহাত উষ্ণ করা? যদি তাই হয়
তবে কেন ছেড়ে যেতে পারিনা এই দ্বীপের মায়া?

আশ্চর্য সুন্দর মুহূর্তগুলো

এই শহরেই একদিন তোমার সঙ্গে আমার প্রথম পরিচয় এবং কথা বিনিময় হয়েছিল যখন অন্যমনস্ক হাওয়া কাগজকে ভাঁজ করে নিয়ে যাচ্ছিল এবং কলেজ ওডিটরিয়ামের পাশে নিমের ছায়ায় তুমি আমার জন্য অপেক্ষা করছিলে। তারপর একফুটা ভালবাসা দিনশেষের মুগ্ধশ্বাসে পান করে ভীড়াক্রান্ত শহরে মিশে গিয়েছিলাম আমরা। এটা একদম খাঁটি কথা যে আমরা প্রেমে পড়েছিলাম !

আমি তোমার দুটি চোখ
পছন্দ করতাম কারণ
ওরা নাবলা কথায় ভরিয়ে রাখত আমার মন
কিন্তু তার চেয়ে বেশি ভালবাসতাম
তোমার দুটি ঠোঁট কারণ
তারাই আমার সঙ্গে প্রথম শব্দ বিনিময় করেছিল!

আমার কাছে রইলো তোমার ঐ আশ্চর্য সুন্দর মুহূর্তগুলো!

ক্ষমাকর

আমরা
সবাই মিলে
যদি শান্তিনিকেতনে
বেড়াতে যেতাম 'ইয়াসের পর'
আমরা নিশ্চয় কবিতা পড়তাম বুদ্ধদেব বসুর
মায়াভস্কির, শঙ্খঘোষের, বিনয় মজুমদার
অথবা আন্না আখমাতোভার!

দীঘার পথে এগিয়ে যেতে যেতে
আমরা দেখি ভেঙ্গে পড়া ঘরবাড়ি
পথের উপর দাঁড়িয়ে পড়া চরম দারিদ্র
ধুলায় ওড়া জীবনের তীব্র আর্তনাদ
উদরে ক্ষুধা এবং মুখে খিস্তি!

আমরাও হয়তো একই কবিতা লিখতাম
অস্থির অনটন, ক্ষুধার বৃষ্টি, মৃত্যু, হত্যা আর
অতিমারির!
কবিগুরু আমাদের তুমি ক্ষমা করে দিও কারণ

আমরা কবিতার মুখ ঘুরিয়ে দিতে চাইছি অন্য এক নিশানায়!

মধ্যপ্রাচ্য

// জানি তুমি আমাকে ভালবাস
মধ্যপ্রাচ্যের কোন একটি জায়গায়
তুমি আমাকে প্রথম ছুঁয়েছ
আমার হাসি আমার ঠোঁটের উজ্জ্বল তুষার
এবং আমার চুম্বনের জন্য অনুরোধ করেছ!

// যখন তুমি আমাকে প্রথম
কাঁদতে দেখেছিলে সিরিয়ায়
সেদিন আমি একসঙ্গে আমার
বাবামাকে হারিয়েছিলাম এবং
পেলেস্টাইনে ভেঙ্গে পড়েছিল আমাদের
সাজানো ঘরবাড়ি, বইপত্র এবং
ফুটপাত মিত্রবাহিনীর ভয়াবহ এয়ারস্ট্রাইকে
রক্তাক্ত হয়েছিলো পথ যে পথ
আমাদের টেনে নিয়ে গেছে এক দীর্ঘ রাত্রির নিচে
যেখানে আমরা দারিদ্রতাকে একপাশে সরিয়ে রেখে
অনেককিছু সহ্য করি যা অনাচারের বেশি ক্ষয়কারী!

// আজকাল মৃত্যু
কেমন যেন গাসহা হয়ে গেছে
আগে পিছে প্রাণের অনুভূতি আছে
কিন্তু নীরব প্রতিধ্বনী ফেটে চৌচির
আমাদের শান্তি ভালবাসা আনন্দ ব্যাথা
আশ্চর্যজনক ভাবে হারিয়েগেছে
আলো আর অন্ধকারের দ্বন্দে

// তুমি এভাবে দাবি করে
আমাকে পাবেনা কোনদিন
যদি দেহ চাও
দেহ নাও!
কিন্তু আমার দুশ ছয়টা হাড় জানবে
এ তোমার বাহুশক্তির এক ইতর প্রদর্শনী যা
তোমরা অবিরাম করে চলেছ প্রায় সারাটা মধ্যপ্রাচ্য
জুড়ে!

// ভালবাসা যদি অধিকারের প্রাথমিক শর্ত হয়
তবে শরীর অতিক্রম করে মন্দির খোঁজে দেখ
এই কালো ধোঁয়ার কুণ্ডলী থেকে আমরাও মুক্তি চাই
সন্ত্রাসকে আমাদের নামের সঙ্গে গুলিয়ে ফেলনা
আমাদের এই কানাগলি থেকে উদ্ধার করতে
কতো শেল কতো মর্টার কতো এসল্ট রাইফেল
প্রয়োজন!

আরো কতবার আমরা হারাব আমাদের চেনা ফুটপাত?

// যুদ্ধের আগে বা যুদ্ধের পরে
যখন তাপমাত্রা নামতে থাকে ক্রমাগত
তখন নগ্ন শরীর একটু উষ্ণতা চায় যে
উষ্ণতায় তুমি মুক্তা হয়ে যাও আর মুক্তা তোমার হয়ে উঠে!

চেনা তনুর তীর্থে

আমি বুঝতে পারছিনা
তুমি কি আমাকে তোমার
দুঃস্বপ্নের স্মৃতি থেকেও মুছে দিয়েছ!
যদি শেষবারের মতো একবার [-]
তুমি তখন তোমার সামনে
আমারই আঁকা একটি বিশাল ক্যানভাসের নিচে
আমি তখন আমাকেই বলতাম এটা কি
সম্ভব যে আমার নির্বাসনের মানচিত্র থেকে
তোমার ছবি হরিয়ে গেছে
ক্ষতের তলায় আর
খোঁজে পাইনা তোমার গায়ের গন্ধ!
আমিতো তোমাকে
আমার কাছে ফিরে পেতে চেয়েছিলাম
কারণ দিন শেষের তপ্ততা মুছে গেলে
তোমার চেনা তনুর তীর্থে
আমার অভিসারী মন আশ্রয় খোঁজে
একফোঁটা উষ্ণতার জন্য!

এখন যদি কিছুই না থাকে
আমি সেই ভ্রম ছাড়া কি নিয়ে বাঁচব?

আজ আমি আমার সমাপ্তির শীর্ষে দাঁড়িয়ে
তোমাকে বুঝতে চাইছি কারণ
নদী যেমন ভ্রমন শেষে
মোহনার দিকে তীব্র বেগে ধাবিত হয়
আমার রক্ত এখন
তোমার দিকে ছুটে চলেছে অরূপের ইশারায়!

ভালবাসার ভাস্কর্য

ছেলেমেয়েগুলো
দাঁড়িয়ে বসে
নিঃশ্বাসের দূরত্বে
ভিন্ন ভিন্ন অঙ্গভঙ্গিতে
যেন ভালবাসা জমে ভাস্কর্য হয়ে গেছে!

ধ্যানমগ্ন শ্রীরামকৃষ্ণ

একটি শব্দের মন্দির
জেগে উঠছে গঙ্গার তীরে

যেন শ্রীরামকৃষ্ণ ধ্যানমগ্ন
বেলুড় মঠে, এক ভোরের রৌদ্রচূর্ণলগ্নে!

সমাদৃতা

সমাদৃতা
যদি আমার কথা বল
তবে আমাকে বলতে হবে
সেই সব নিরক্ষর মানুষের কথা
যারা অস্তিত্বের সঙ্কটে ভাসমান।
যদি আমার কথা বল
আমাকে বলতে হবে সেই সত্তর উর্দ্ধ মহিলাটির কথা
যাকে বল পূর্বক বন্দী করে রেখেছে ডিটেনশন ক্যাম্পের চারদেয়ালে
পাশাপাশি দাঁড়িয়ে নারী পুরুষ
অর্ধনগ্ন ছিন্নবস্ত্র বেদনায় দ্বিধাবিভক্ত
গামলায় পড়ে থাকা সদ্যজাত
মগজ থেকে অণ্ডকোষ
যদি আমার কথা বল
আমাকে বলতে হবে মেহের আলীর সেই ছেলেটির কথা
যাকে সন্দেহ ভাজন বিদেশি বলে ধরে নিয়ে গেছে পুলিশ
যদি আমার কথা বল
আমাকে বলতেই হবে সেই পোয়াতি মেয়েটির কথা
যে তার ভীরু চোখের কাজলে এঁকেছিল
এক শান্তিময় পৃথিবীর অগ্রগতির ইতিহাস

সমাদৃতা
এখনো কি তুমি
আমার কথা শুনতে চাও
শুন তবে বলি সেই সব

জমাট রক্ত ঋতুপাত
যন্ত্রনা ক্ষুধা থুথু বিনাশ আর
পুরুষের অন্ধকারময় সরণির কথা
অনিচ্ছা সত্ত্বেও আমাকে উচ্চারণ করতে হবে
হিজিবিজি কাটাকাটি জীবনের অধ্যায়
যেখানে তুমিও ছিলে না কোনদিন
কেবল ছিল ধূলিবালি ফাটাকাগজ
আর ক্ষুধার যন্ত্রনাময় অরন্যের চীৎকার

সমাদৃতা
এরপরও কি
আমার কথা শুনবে তুমি
জানতে চাইবে
সেই সব হাজারো দাবি দাওয়ার কথা
ভাষা সংগ্রামের কথা
বুলেটের শব্দ
চিহ্ন হয়ে ফুটে উঠা
এগারটি ঝরে পড়া জীবনের পাঁপড়ি
স্থির সূর্য আর নির্বাক নিস্তব্ধ কক্ষপথ
আমাকে বলতেই হবে সেই তীব্র শব্দের কথা
দীপ্তি আগুন আর শিখার উৎক্ষেপণ
আবার পুনরায় ধূসর তমসা পৃথিবী জুড়া শূন্যতা

তুমি
কি শুনবে সমাদৃতা
আমার হৃদয় থেকে খসে পড়া তারার কথা
যদি শুন, আমাকে বলতে হবে বহু নিঃসঙ্গ রাত্রির কথা
ব্যাথায় মোড়া জীবনের কথা
অসহায় সংলাপ
আর কিছু মানুষের অন্তহীন প্রতিরোধের কথা [--]

ফ্রেম

ঘটনাটা কবে ঘটেছিল
এখন আর আমার মনে নেই
হয়তো যখন আমি অসুস্থ ছিলাম
অথবা যখন শ্বাস বন্ধ হয়ে আসছিল!

সে যাই হোক
এখনো আমি আছি
তোমরা আমাকে হাসি মুখে রোজই দেখ
একটি ফ্রেমে আটকে আছি বহুদিন ধরে!

নীল বিষণ্নতা

আমাকে নিয়ে
যখন আমি সম্পূর্ণ একা
আমার মনে হয়
সে যেন আমাকে টেনে নিয়ে চলেছে
সমুদ্রের গভীর থেকে গভীরতম অংশে
আমি শুধু মন্ত্রমুগ্ধের মতো তাকে অনুসরণ করি
তার নীল নীল চোখে ঘুমন্ত নীল বিষণ্নতা
সে আমাকে ভালোবাসার শপথ পড়ায়
আমি প্রদর্শনী ভালবাসি
সে আমার হৃদয় প্রার্থনা করে
আমি নিবিড় আলিঙ্গনে আবদ্ধ করি তাকে!

মেঘের আড়ালে

ক্লান্ত বিকাল
যখন বৃষ্টিতে ভিজছিল ক্রমাগত
বাতাস উড়িয়ে নিয়ে যাচ্ছিল
ছেঁড়া জামার টুকরোগুলো তখন
মেয়েটির আর্তনাদ ব্যার্থ হয়ে যাচ্ছিল
পথচারীর দৃষ্টি আকর্ষণে!

ভয় ডর ব্যাথা
পুরোপুরি ধ্বংস হয়ে যাচ্ছিল
ভিতরে ভিতরে!

দূরে লজ্জায় চাঁদ মুখ ঢেকেছিল মেঘের মানচিত্রে!

তুমি যাত্রী ছিলে একজন

সাতহাজার চারশো সাত ফিট
উপরে ঘুম ষ্টেশনে
দাঁড়ানো ছেলেটির দিকে তাকিয়ে
প্রথম সূর্যের মতো লাল হয়ে উঠেছে
আমার গাল । যেন বসন্ত নেমে এসেছে
আমার শরীরে! আমি
অনুভব করছি
আমার হৃদয় জুড়ে রঙের খেলা
প্রজাপতি আর ফুল!
তুমি আমার সবকিছু ওলটপালট
করে দিলে। সমুদ্রে জাগিয়ে তুললে
অবগাহনের প্রবল তৃষ্ণা!

কিন্তু তুমি একবারো বলনি আমাকে যে
তুমি শুধু যাত্রী ছিলে একজন!

স্বপ্নপ্রসবিনী অন্ধকার

এক প্রগাঢ় আনন্দে মেতেছে রাত
বাতাস খুলে নিয়ে গেছে তার অসতর্ক ওড়না
মাতাল শাখা প্রশাখা একে অন্যের গায়ে
রোমাঞ্চ ছুঁয়েছে পাতার প্রাণ যেন
দূরে কোথাও হৃদয়ের চাঁকে
বরফ গলে জেগে উঠেছে
একটি তরণীশূন্য তীর
যেখানে শুধু চিন্তার ফাটল
খাঁড়াই আর উৎরাই
তবু ফাটলের গভীরে মুগ্ধ ঘনিষ্ঠতা যা
অন্ধকারের শিখায় উজ্জ্বল
আমি আনন্দে হারাতে চাই এমন স্বপ্নপ্রসবিনী
অন্ধকারে যা ক্রমাগত অনুরণনশীল।

হরিদ্বার থেকে হিমালয়

মুনীঋষীদের শহর
ঋষীকেশ!
ছুঁয়ে আছে এলিভেটরে
হরিদ্বার থেকে হিমালয় যা
সীমাহীন নীল মেঘের এক চেনা আশ্রয়!

মুছে যাবে অন্ধকার

আজ এই সন্ধ্যায়
বৃহস্পতি দূর নীলিমার
অকৃত্রিম নিরপেক্ষতায় উজ্জ্বল এক বিন্দু
তার নিরপেক্ষ অবস্থান নিয়ে
হতে পারে আলোচনা
অথবা তীব্র বিতর্ক
কিন্তু তার উজ্জ্বল অবস্থানের স্পষ্টতা
মহাকাশের গৌরবময় উপস্থিতি
সে চেয়ে আছে অনিমেষ পৃথিবীর দিকে
যেখানে আমরা বাতাসকে নাড়াচাড়া করি
তুলে ধরি ভালবাসা এবং যন্ত্রনা
একটি অনন্ত ঢেউয়ের দিকে যা
আমরা দেখতে পাই না কিন্তু ক্রমাগত প্রবাহমান!

ব্যার্থ আমি

আমি তো
সফল জীবন
নকল করতে পারিনা
শুধু বিশ্বাস করি আমি চেষ্টা করছি!

কিন্তু ক্রমাগত ব্যার্থ হতে হতে
আজ আমার সব সীমা ভেঙ্গে চৌচির!

তুমি এলে সবকিছু অদৃশ্য হয়ে যায়

// বহু যন্ত্রনা বুকে পুষে
এখনো বেঁচে আছি তোমার জন্য
আমার মধুর মৃত্যু!
লে থেকে দুই শত পঞ্চাশ
কিলোমিটার এবং
লাইন অফ কন্ট্রোল থেকে
মাত্র আড়াই কিলোমিটার দূরত্বে
গ্রামের নাম তুরতুক!
কান ফাটানো গুলির শব্দে
ঠাণ্ডা ধূসর দিনে
আমি একান্তে শুধু তোমাকে
কামনা করছি! তোমার কোলে
বিশ্রাম নিতে চেয়েছি এই বিশৃঙ্খল
যুদ্ধ যুদ্ধ খেলার থেকে চিরশান্তির
প্রতিশ্রুতি ভরা আমার মধুর মৃত্যু!

// আমিতো হৃদয় খোলে রেখেছিলাম তোমার জন্য
যে তুমি এখনো অপেক্ষায়
আমার ফুসফুসের সমস্ত উপশম

আমার ব্যাথার বর্ণমালা
অচেনা জাতীয়তাবাদের বিষাক্ত
ছুঁবল থেকে শ্বাস নাহারিয়ে
দৌড়ে গেছি কাঁটাতারের সামনে
সমস্যার কথা না বুঝেই
পরিণামের কথা না ভেবে
শুধু তোমার দরজা পার হওয়ার জন্য!

// মনে পড়ে সেই
বারো বছর বয়সে
তোমাকে প্রথম জড়িয়ে ধরার বিকাল
তোমার নরম দুটি স্তন আমার বুকে পিষ্ট!
আমি কাঁপতে কাঁপতে সরে গেলাম!
চুমু খেতে গিয়ে কেঁপে উঠলো
নড়বড়ে পা দুটো
ঠোঁটের উপর ঠোঁটটাকে
রাখতেই পারলাম না ঠিকঠাক
লজ্জার চোখ খেয়ে তাকালাম তোমার দিকে
মনে হলো আশ্চর্য এক বৃষ্টিতে ভিজে গেছ তুমি
সময় স্তব্ধ হয়ে গিয়েছিল আমার চতুর্দিকে
ভয় নয়, ডর নয়, এক অতল স্পর্শের শিহরণ!

// গোলাগুলির শব্দ
কালো ধোঁয়া আর
বাতাসে শিশার গন্ধের মধ্যে বসে
আজকাল শুধু তোমার কথাই ভাবি
মৃত্যু! তুমি কি আমাকে আর একবার

দেবে সেই শিহরণ! একদিন তোমার ভয়েই
প্রাচীর টপকে যেতে পারিনি

// আজ আর আমি
ভয় করিনা তোমাকে

এটা সত্য যে তুমি এলে
সবকিছু অদৃশ্য হয়ে যায়
পছন্দ অপছন্দ, শব্দস্পর্শগন্ধ
এপারওপার, ছাঁদে বৃষ্টির ফোঁটার শব্দ
পঞ্চাশ বছর আগে শুনা তোমার কন্ঠ
আমি জানি আমার চলে যাওয়ার সঙ্গে সঙ্গে সবকিছু
পড়ে থাকবে পিছনে!

শেষ নিঃশ্বাস

অনন্ত ক্ষয়ের মধ্যে দাঁড়িয়ে
বৃদ্ধ মানুষটি শেষবারের মতো
উঠে বসলো বিছানায় একটু স্বচ্ছ
বাতাসের প্রত্যাশায়! একটু নিঃশ্বাস
একটু মৃত্যু মিছিল থেকে দূরে
মানবিকতার ক্রোড়ে!

কিন্তু ব্যার্থ হয়ে
ত্যাগ করলো
শেষ নিঃশ্বাস
সে!

কোন কোন দিন

কোন কোন দিন
এমনো মনে হয় যে
দিনগুলো ভেঙ্গে যায়
চলমান রথের চাকায়
তবু রাত আসে না ঘুমের দরজায়
ভাগ্যক্রমে ঐ সব দিনে
একটা ফিসফিস কণ্ঠস্বর
খেলা করে আমাকে নিয়ে
মনে হয় সবকিছু ভুল!
মনে হয় খুব দ্রুত ঘুরতে থাকা জীবনের
কোথাও কোন বোতাম নেই থেমে যাওয়ার!

কোন কোন দিন
এমনো মনে হয় যেন
কোন নিঃশব্দ রাত নেই
একটা তর্কযুদ্ধ যেন চলতেই থাকে রাতভর যেখানে
ওরাই কথা বলে বেশি যাদের অজ্ঞতা কোন তত্ত্বের ধার ধারেনা!

কোন কোন দিন
এমনো মনে হয় যে

তুমি ছায়াকে অনুসরণ করে প্রতারিত কারণ
তুমি থামলেও ছায়া পৃথিবীকে অনুসরণ করে চলে
ক্রমাগত।
কোন কোন দিন এমনো হয় যখন তুমি মৃত্যু চাইছ
আর মৃত্যু সরে সরে যাচ্ছে শেষ আশাটুকু নিঃশেষ না
হওয়া পর্যন্ত।

কিছু ভাবনার মুক্তি

অন্ধকারের ভিতর থেকে
যখন তুমি ছায়ার মতো
আকস্মিক আলোর নিচে নেমে আস
তখন তোমাকে অনেকটাই মনে হয়
হাল্কা এবং হতাশা চিহ্নহীন
বিন্দুতে ঢাকা!
ছোট্ট চাঁদরটি যা তুমি
ভাঁজ করে রেখেছ কাঁধের উপর
তার কোন গ্রহনযোগ্য স্তর আছে বলে
আমি মনে করি না যেমন তোমার গানে
খোঁজে পাইনা এমন কোন নির্দেশনা
যার জন্য মানুষ ঝুলে থাকবে নিরন্তর!

অর্বাচিন

তোমার সমস্ত দুর্বলতা
যখন আমার চোখে প্রকট
আমি আবার তোমার চোখে ফিরে এলাম এবং
তোমার বুকের যাদু আমাকে ফিরিয়ে দিল পূর্বাবস্থা!
আমি এর জন্য তোমাকে দোষবনা জীবন
তুমি আমার জন্য অনেক করেছ!
আমি তোমাকে ফিরে পেয়েছি
আমার নীরব রক্ত দ্রুত নেমে আসছে
নিচের দিকে! আমি অর্বাচিন
ছিলাম! আমি শুধু তোমাকে
দোষেছি উল্কাপাতের বর্ণমালায় যে
তুমি শুধু তোমার স্বার্থের জন্য চলে গেছিলে একদিন!

কবিতাই শ্রেষ্ঠ

শব্দগুলো
বঙ্গ ভবনের পাশদিয়ে
প্রতিবাদ করতে করতে এগিয়ে চলেছে
কাগজের দাসত্বের বিরুদ্ধে প্রতিবাদ
এবং তার শুভ্রতার বিরুদ্ধে প্রতিবাদ
তারা এগিয়ে চলেছে
তারাপুর শ্মশানঘাটের দিকে
একটি অন্ত্যেষ্টিক্রিয়ায়
শায়িত চিতার চারপাশে গোল
হয়ে দাঁড়িয়েছে
কবির সঙ্গে বিচ্ছেদের আগুন জ্বলবে এখন
যদিও কবি জীবিত এখনো
এইতো সেদিন মাত্র
২০১৯ এর জানুয়ারি
যখন শীতের সকালে ছন্নছাড়া মেঘ
শিশিরের বুকে আশ্রয় খোঁজছিল
তখনই লিখেছিলাম কবিতাটি
যা আজ আমাকে ছাড়িয়ে গেছে অনেক দূরে!

কার জন্য কে

// তমাল গাছের নিচে
ফেন্সিঙের ভিতরে লাল রঙের
সুতোয় এমব্রোডারি করা
রাধারাণীর অন্তর্বাসের অবশেষটা
এখনো পড়ে আছে সহস্র চোখের দূরবীনে অমলিন
পাথরের বেদীর উপর এবং তার চতুর্দিকে
একটা শরীরী গন্ধ যা আমার রক্তের
গন্ধকে অভিভূত করছিল এবং
আমার চোখের সামনে থেকে সবকিছু অদৃশ্য হয়ে
যাচ্ছিল!

বেদীটি বিশাল এবং আত্মশক্তিতে বলিয়ান
কিন্তু আমি তাকিয়ে আছি একটি পাথরের দিকে যা
এই পৃথিবীর শেষ এবং মূর্খতার প্রতীক
তবু অনেকেরই কাছে বার্তাবহ যা
উপলব্ধি করতে ব্যার্থ আমি কারন
এটি আমাকে শুধুই ঠেলে দেয় অন্ধকারের ভাষা
পাঠোদ্ধারে!

// ঈশ্বর ধর্ম এবং নীরবতা
বিশ্বাসীদের ডুবে যাওয়ার মুহূর্তগুলো

স্পর্শ করতে চাওয়ার অন্তিম খড়কুটো যার
দাক্ষিন্যে ওরা একীভূত হতে চায়
শিলাখণ্ডের ধূসর শূন্যতার সঙ্গে এবং
একটা অলীক প্রতিরোধ গড়ে তুলতে চায়
আমি বৃথা চেষ্টা করি ফসিল
খুঁড়ে খুঁড়ে এদের হাঁড়ের নাম সংগ্রহ করার!

// আজ এই অখণ্ড নীরবতায় দাঁড়িয়ে
হে তমাল তরু! আমি বুঝে নিতে চাইছি
তোমার কাছ থেকে আমার কাছে আসার পথটি কতো দীর্ঘ!
আমার পক্ষে তোমার পথ যে পথের দৈর্ঘ্য নয়
তা কি কখনো মেপে ওঠা সম্ভব?
যদিও এই মুহূর্তে
তুমি আমি
একজায়গায় দাঁড়িয়ে
তবু আমাদের পরিধির মধ্যে
কোন যুগসূত্র নেই
কে জানে কার জন্য কে বেঁচে আছে
পথের জন্য পথিক নাকি পথিকের জন্য পথ
তোমার জন্য আমি নাকি আমার জন্য তুমি!

তুমি আমাকে অস্বীকার কর

তুমি আমাকে ভালবাস
এবং তুমি আমাকে অস্বীকার কর!

তুমি অনাদি অনাগত
তোমাকে অনন্তের সঙ্গে তুলনা করি
কারণ দূর পৃথিবীকে তুমি ছবিতে আঁক
তিনি বলেন, তুমি সত্যকে জান
অবশ্যই যদি চুরান্ত সত্য বলে
কিছু থেকে থাকে!

তুমি আমাকে ভালবাস
এবং তুমি আমাকে অস্বীকার কর
এটাই কি তবে চরম সত্য বলে জানব?

বিচ্ছেদ

আমার হৃদয়ের নাথাকা শূন্যতায়
তোমার ক্রমাগত অনুপস্থিতি
আমাকে ব্যাথিত করে
তোমার সঙ্গে
শেষ যোগাযোগের
তারটি কিভাবে যে ছিঁড়ে গেছে
এক ঝগড়ার মধ্য দুপুরে
এখন সবকিছু চিহ্নহীন
ক্ষয়ে ক্ষয়ে ছায়া সরে গেছে বহুদূরে
তবু আমার শরীর এবং আত্মা
কেন যেন তোমার কাছেই
খোঁজে আশ্রয় !
এতদিনে
হয়তো অন্য কোন হাত
হাত রেখেছে তোমার কাঁধে
বৃষ্টিতে অন্তর্বাস ভিজে গেছে নাম নাজানা রাতে
মনে হয় এবার এই বিচ্ছেদ দীর্ঘ থেকে দীর্ঘতর হবে
কারন হতাশা আমাকে তোমার চেয়ে বেশি নিজের দিকে
টেনে নিচ্ছে!

ঝড়ের মোকাবিলা

গোলদিঘি মলের কাছে
দাঁড়িয়ে থাকা বুদ্ধিমান ভিক্ষুকটি
বিশ্বাস করে যে সে ধূর্ত
সে ছল চাতুরীর সাহায্যে
জোগাড় করে নেয় সে যা চায় এবং
সে তাঁর চরিত্র সম্বন্ধে সজাগ!
তুমি এমন গল্প
যার ফিসফিসানি
নিজের ভিতরে সীমাবদ্ধ
প্রেম এবং শূন্যতার একটি চুরান্ত আর্তনাদ!
আমি জানিনা ঝড়ের শেষে
কবে কখন রামধনু উঠবে?
কবে আমরা আমাদের অধিকার সম্বন্ধে সজাগ হয়ে
উঠব?
কবে কখন আমরা একসঙ্গে এগিয়ে যাব ঝড়ের
মোকাবিলায়?

এভাবেই বদলে যাবে পৃথিবী

নিজের জীবনকে বাজি রেখে
তুমি অন্যের মুখে দানা তুলে দাও
তুমি ওদের কথা ভাব
কিন্তু নিজের কথা!
তুমি বলো, সময় নেই তোমার
ও সব আজেবাজে ভাবনার!
তুমি জীবনের জন্য
জীবনের কাছে গিয়ে দাঁড়াও
পলাতকা পৃথিবীর দিকে পিছন ফিরে!
দ্বিধা সবাই নাড়াচাড়া করে
কিন্তু দুঃখ অথবা
যন্ত্রনার ভাগটা
বহন কর তুমি একা!
তুমি ত্যাগ কর
তাই ভাগ্য হয়তো তোমার থেকে মুখ ফেরায়নি!
সময় ভালবাসা আদর
পরিবার পরিজন
সব একসাথে আঁকড়ে ধরে আছ তুমি আর
আমি বিশ্বাস করি একদিন এভাবেই বদলে যাবে গোটা
পৃথিবী!

আগুনের অন্য অঙ্গীকার

চলো আমরা আমাদের নিজেদের মধ্যে খোয়াখোয়ি বন্ধ করে আমাদের দাবিগুলো নিয়ে ভাবি। নাগরিকত্বের দাবি, ভাষা-সংস্কৃতির দাবি এবং শিক্ষা-স্বাস্থের দাবি। চলো আমরা আমাদের অসম্পূর্ণতার সীমা ভেঙ্গে গড়ে তোলার চেষ্টা করি আমাদের তীব্র তৃষ্ণার জনপদ কারন আমাদের হৃদপিণ্ড ফুটো হয়ে ধ্বসে যাচ্ছে দেয়াল!

কোনটা উচিত কোনটি অনুচিত
আন্দোলন অথবা বিভাজন
এইসব তর্কের মধ্যে না গিয়ে
চলো আমরা বরং আমাদের
দাবিগুলো পেশ করি
যৌথভাবে
এবং ১৯এর উত্তরাধিকার বহন করি
আগুনের অন্য অঙ্গীকারে!

শাসকেরা
সীমাহীন উদ্ধত্বে
ভুলে যায় গাছেরা
কতো নীড় ধরে রাখে
ঝড় ঝাপটায় আনন্দে অভিসারে!

দৃশ্যমান অস্তিত্বের করাঘাতে কে জানে রথের চাকা কোনদিকে ঘুরে। সময় শুধু সালুকসংশ্লেষন করে গাছের পাতায়।

কাস্তে হাতুড়ি তারার গল্প

নীতিহীন অন্ধঝড়ে
পড়ে যাওয়া বহু পুরনো
বটের ছায়ার মতো এখনো দাঁড়িয়ে তুমি
উদাসী দৃষ্টি, একমুখ দাড়ি আর ঝুলানো বেগে
কাস্তে হাতুড়ি তারার গল্প নিয়ে! ফুটপাতের ধারে
ইটের নিচে ডালপালা মেলেছে তার বহু পুরনো শিকড়!

হেমন্তের বিবর্ণ আতসকাঁচের নিচে
সে আর নেই সেখানে দাঁড়িয়ে
শুধু একটা তীব্র প্রতিবাদী ছায়া
শরীরের ছাপফেলে নিঃশব্দে পড়ে আছে ফুটপাতের পাশে!

সে নেই
তবু ভাবনার জটিল অস্তিত্ব
টিকে আছে এখনো
শেষ রোদের ছায়ার মতো কাঁপছে
পৃথিবীর আনাচে কানাচে! কেউ কেউ
এখনো গোপনে লিখে
প্রতিবাদের ভাষা সংকেতের কালিতে
শ্রেণী সংগ্রাম শহরের গায় দূর শতকের রোদে
পরিস্ফুট হয়ে ওঠে জীবনমুখী গানে!

এখনো আমি দেখি বড় বড় গাছগুলো আকাশের দিকে বাহুতুলে স্বপ্নের তারা গাঁথে দূর আকাশের রৌদ্রদগ্ধ নীলে!

অজ্ঞতার জাহাজডুবি

যখন থেকে নিজেকে
চেনার চেষ্টা শুরু করেছি
তখন থেকেই ঈশ্বরকেও বুঝবার চেষ্টা করছি
যে একবক্কা সূর্যের আলোর নিচে
লুকিয়ে রেখেছে নিজেকে সুকৌশলে!
সমস্ত প্রার্থনার আড়ালে
আমি চেষ্টা করি
আমার সমস্ত ভনিতার ভাঁজ খুলে
বেরিয়ে এসে তাকে উপলব্ধি করতে যা
আমি ভাবি আমার অজ্ঞতার এক জাহাজডুবি!
আমি পালাতে চাই
তাকে জানার এই চেষ্টা থেকে
কিন্তু কোথায় পালাব?
তার আলোর সুতোয় আমি যে
পেঁচ খেয়ে পড়ে আছি যা
আমার ভণ্ডামিকে প্রকাশ করে
আমি তার আশ্চর্য পৃথিবীকে নষ্ট করেছি!
তুমি রাত্রির ঘোমটা তুলে সূর্যকে ডেকেছ
যার আলোর ভিতরে এখনো অন্ধকার ঠাসাঠাসি
আমি এখনো তোমার হাতে

বন্দী বলে ভান করি নষ্ট শিল্পের
কিন্তু জানি যে একবার যদি
তোমার প্রেমে পৌঁছতে পারি
আমি নতুন মাত্রায় শূন্যের ভিতরে হেঁটে যাব!
আমি এখনো তোমার সময়কে অতিক্রম করতে পারিনি
যদিও বেঁচে আছি অন্য এক সময়ে!

নতুন পৃথিবীর প্রত্যাশা

একটা সময় ছিল যখন
আমি বসন্তহীন
বসন্ত যাপন করতাম
চাঁদের ছায়ায় চাঁদকে ছুঁয়ে দেখতাম আর
পছন্দ করতাম ঘুমন্ত সকালগুলো
সেই দিনগুলো কখন যে
পুরনো ঘড়ির কাঁটার মতো
হারিয়ে গেছে রঙবেরঙের বিকেলে
বুঝতেও পারিনি
কখন যে প্লাবনের মতো
উপত্যকা ভাসিয়ে নিয়ে গেছে
অন্য এক স্রোত
অন্য এক সময়
চোখ মেলে দেখি
পড়ে আছি আমি অমরাবতী তীরে
বহু পুরাতন পৃথিবীর ধ্বংসাবশেষ আঁকড়ে ধরে

শতাব্দীর পরাজিত রক্ত

আমি তোমার জন্য অপেক্ষা করছি
মেঘের ডামাডোলে বৃষ্টি হয়ে নামবে বলে
বলনা নামবে কি তুমি?
নাকি স্রোতহীন ঘাটের জলে
ডুবে যাবে চাঁদ অন্ধকারে আর
আমাদের হাতেই উন্মোচিত হবে পৃথিবীর গর্ভ!

যদি আমরা হাত দিয়ে
কুয়াশা ছিঁড়ে এগিয়ে যেতে পারি
আলোর অভিমুখে তবে
বুঝতে হবে মানুষের বেঁচে থাকার সঙ্গে
সংঘর্ষের প্রহরগুলো একই অনুসঙ্গে বিন্যস্ত!

মানুষের আত্মা মানুষকে ঢেকে রাখে
কতো রঙের সংবেদনে
আমার চোখ খুলে দাও
আমি বেঁচে থাকতে চাই
নতুন একটা দিনের প্রতীক্ষায়
আহ্! আজ তুমি কতো সুন্দর
আমি পলকহীন কারণ
যে তুমি এখানে দাঁড়িয়ে

তার সবদিক ঘিরে
একটি মিষ্টি বাতাবরণ যা একটা উজ্জ্বল ঝলকানি
সুন্দর আকাঙ্ক্ষা, ফুল স্বপ্ন, আলো আর বিশ্বাসের চুম্বন!
এটা তোমার উপহার
নাকি অনন্ত আকাশে অমৃতের আহ্বান
আমার ক্ষতবিক্ষত শরীরে
রাষ্ট্রের শক্তিশালী দাঁতগুলো
বসন্তের তীব্র ব্যাথার মতো ফুটে আছে
তবু বেঁচে আছি আমি কারণ আমি আলোর দেশের
অভিযাত্রী

আমার সবগুলো ইন্দ্রিয়
তীক্ষ্ণ এবং উষ্ণ হিমায়িত হৃদয়
নির্জন নিঃশব্দ প্রহর গুণে-
একটাই জীবন
জীবনের সব অর্থ বহন করে
যখন তা একে অন্যের অনুরত
এখন বাতাস অদৃশ্যতা এবং স্বচ্ছতা হারিয়ে
প্রচার করে শুধু শক্তির উৎকর্ষতা
এখন আমরা বহু উঁচু সমুদ্রে
দৈত্যের মতো ঢেউয়ে আক্রান্ত
তুচ্ছ তাচ্ছিল্যে ভরে উঠেছে আমাদের দিগন্ত
আমরা শুধু চাই
একটু নিঃশ্বাস: খোলা বাতাস
যেখানে কবিতা নির্ভয়ে খুলে দিতে পারে
তার অতল
তার ধর্ষিত যৌনাঙ্গ

যার অন্ধকার অতল বেয়ে চুঁইয়ে পড়ে শতাব্দীর পরাজিত রক্ত!

হাত ধর আমার

এক

আমার অন্তর্নিহিত গভীর হতাশা আর ভয়
যখন শেষবারের মতো ঘিরে ধরেছিল আমাকে
নির্জন রাতের নিঃশব্দ নিরালায় তখন সন্তর্পণে
প্রসারিত করেছিলে তোমার দুটি বাহু
অন্ধকারের দিকে
শেষবারের মতো!
চন্দ্রবিন্দু রাতের চুরান্ত মন্ত্রশূন্যতা
মুছে ফেলুক আমার সমস্ত গম্ভীর ধূসরতা
তুমি শূন্য নক্ষত্রের সিঁড়ি বেয়ে নেমে আস
আমি নতজানু
দয়া কর! আমার চুরান্ত বেদনার দিকে হাতবাড়াও!

দুই

এই রাত
আমার শেষের শেষ!
কত পরিচিত এবং পরিত্যক্ত অন্ধকার রাত
নৈঃশব্দ মথিত স্মৃতির সরণি
ভাষা আর অতীতের গল্প

কত লুকনো রাতের সুগন্ধ
আকাঙ্ক্ষা আর যন্ত্রনায় ভেঙ্গে পড়া রাত্রির কান্না
দয়া কর! আমার গোপন স্মৃতির প্রদীপে অগ্নিসংযোগ কর!

তিন

মনে হচ্ছে আমি ঘুম অন্ধকারে ডুবে যাচ্ছি
যখন তুমি পা রেখেছিলে আমার সবুজ চরে!
তুমি কল্পনাও করতে পারনি
যে বিদ্যুৎ হঠাৎ করে বিকিরণ করতে পারে আলো
সে নিজেকে নিঃশেষ করে
অন্ধকারে ঢেকে দিতে পারে চরাচর
সব আলোর নিচই চির অন্ধকারে ঢাকা!

তুমি এবং আমি
শহরের ক্লান্ত নির্জনতায় দাঁড়িয়ে
একদিকে নিত্য প্রবাহমান জীবন
অন্যদিকে তীব্র অন্ধকার এবং মৃত্যু
দয়া কর! এগিয়ে এসো! হাত ধর আমার! আমি ভয়পাচ্ছি!

এই শহর

আমি আলোর চেতনাকে
কুর্নিশ করি
কারন প্রতিটি সৃষ্টি
শব্দের চেয়ে সুন্দর এবং মহান
তারা অন্য একটি শহর গড়ে তুলে যা
বিপ্লবের শহর আবর্তনের শহর
অলৌকিক শহর। আমি এই শহর
এবং তার বিপন্নতাকে আশীর্বাদ করি
যখন রাত্রি ঘনিয়ে আসে দুর্বৃত্তদের শেষ দরজায়!

একমাত্র সত্য

প্রকৃতি একটি প্রতিবিম্ব
এবং জীবনানন্দ তার রূপক!

প্রতীকে পূর্ণ চিত্রটি
অনন্ত আয়নায় দাগ কেটে
ছুঁড়ে দিয়েছে এক আশ্চর্য প্রত্যাহ্বান!

প্রকৃতি আমাদের সাদৃশ্যতা দেয়
যেখানে তোমার অত্যাধেশ
ঘৃণ্য কোন ছাঁচকে ন্যায্যতা দেয়না
একলব্য দ্রোণকে অস্বীকার করে
দৃষ্টি নিবদ্ধ করে ভাঙ্গা আয়না থেকে দূর নিলীমে!

এই পৃথিবীতে কি একমাত্র সত্য বলে কিছু থাকতে পারে?

পরিনাম

তুমি
ফলের লোভ কর
ফলের লোভে গাছের দিকে তাকিয়ে থাক
অনুমান করতে চেষ্টা কর তার উষ্চতা
তারপর একদিন যখন
ফল পাকার সময় আসে
এবং গান্ধ ছড়ায় বাতাসে
তখন যদি অন্য কেউ
এসে পড়ে
গাছ কি তোমাকে
টেনে নিয়ে যায় তার কাছে?

বৃষ্টি

এই বৃষ্টি
যদি একটি কবিতা হয়
দূরের ভিড়ে আমি জলের কিনারা
আমি ডুবে মরতে চাই
জ্যোৎস্না বিছানো শরীরের মাদকতায়
যেখানে আমি অহরহ নিন্দিত!

এই বৃষ্টি
যদি একটি কবিতা হয়
আমি পার হয়ে যাব
বহুদূরের চির আয়ুস্মান গণ্ডীরেখা

আল্লাহ্ মেহেরবান

তিনি
তীর্থযাত্রী
তার নাম তিনি খোদাই করে
লিখিয়েছিলেন
প্রিয়তমের চুম্বনে
আমি
এই কবিতাটি লিখছি কারণ
তুমি পুনঃপাঠযোগ্য প্রিয়
ভাষাস্টেশনে অপেক্ষারত
ট্রেনগুলো কোথায় যাচ্ছে
সঠিক জানি না আমি
তবে ঘড়িগুলো ঘন্টার হিসাবে
ঠিক এগিয়ে চলেছে
যেমন এইমুহূর্তে তুমি এগিয়ে চলেছ
ট্রলিটাকে ধরে!
এটা তোমার স্বপ্নের শুরু
আমাকে তুমি আমন্ত্রণ করনি
তবু শীতের সকালে উষ্ণতা ছড়াতে
আমি অপেক্ষারত মানুষের ভিড়ের
ফাঁকে ফাঁকে তোমাকে
অনুসরণ করে চলেছি
মাইকে হজযাত্রীদের নাম উচ্চারণ করছে

আল্লাহ্ মেহেরবান
তোমার চুম্বনে স্টেশনের সমস্ত ঘড়ি বন্ধ হয়ে গেছে!

বিস্ময়

গতকাল ছিল
একটা বিস্ময়পূর্ণ দিন
আজ আমি এমনই একটা বিস্ময়ের
জন্য অপেক্ষা করে ছিলাম! কিন্তু
কোথায় বিস্ময়! একটা
ধাক্কায় ছিটকে গেছি
অনেকটাই দূর
পথ থেকে
যে পথ
ছিল প্রতিযোগিতার
আমার সমস্ত উষ্ণতার
অহংকার কিম্বা অভিবাদনের!

এই সময়
আমার গল্পের একজন
এই তটরেখাহীন পৃথিবীর উপর
পড়ে আছে যার স্মৃতি ধুলো আর কিছু ছায়া!

পদ্মপাতায় শিশিরের জীবন

আমাদের এই
একপৃথিবী পুঁজরক্তনিয়ে
পদ্মপাতায় শিশিরের জীবন
এবং একে ঘিরেই রচিত
আদম্য ব্যাথা এবং বেদনার কাহিনী
যেমন বন্ধুরা আসে শেষ বিদায়ে যেখানে
প্রিয়জনেরা নীরবে বিশ্রাম নেয়
ব্যাথা আমাদের আত্মাকে পিড়িত করে
বহুর মধ্যে একাকী করে তুলে
তুমি জানো না সেই নির্জন একাকীত্বে কি থাকে!
শুধু একটা অনিশ্চিত সন্দেহ যে
তিনি আসবেন একদিন সব ঋণ আদায় করে নিতে!

সময় ডিঙিয়ে যায়
দিন ক্ষণ মাস
এবং শেষকে একটি আর্তনাদ
করে তুলে যা কখনোই শেষ হয় না!

জীবনের দিন

হারিয়ে যাওয়া
কান্নার আকর্ষণ
ম্লান হয়ে আসে যদি
হোঁচট না খেয়ে আমরা
ক্রমাগত এগিয়ে যেতে থাকি
অঙ্কের সিঁড়ি ভাঙতে ভাঙতে!

আনন্দময় বিস্ময়
আমাদের আগ্রহ শতগুণ বাড়িয়ে তুলে
এবং আমারা আরো নিখুঁত ভাবে চুরি করতে চাই
জীবনের দিন!

সেই মুখ

সময় এগিয়ে যায় এবং জীবন দূর থেকে দূরে! তবু হৃদয়ের ক্যানভাসে তার মন ভাল করা মুখ বারবার ভেসে উঠে ডুবে যায়! আমি মেঘের নৌকায় ভেসে শূন্যজলে বেদনার গ্রাফিক্স আঁকি!

কি আশ্চর্য সৌন্দর্য
তোমার গভীরে দানা বেঁধে
সীমাকে উপেক্ষা করে অসীমকে ছুঁয়েছে
আমাকে অনুভব করতে দাও
তোমার শেষ অংশ
আমাকে উত্তীর্ণ হতে দাও
যা আমার চোখ দেখে তা
কল্পনা নয় বাস্তব!
আমার ইন্দ্রিয় যা ধারণা করে
তা মিথ্যা নয় এবং
আমার হৃদয় আবেগের সঙ্গে কাঁপতে থাকে!

বর্ষা

বর্ষা কোন একটি
ঋতু মাত্র নয়
বর্ষা একটি মনোভাব
একটি প্রেম এবং
নির্জন স্টেশনের অনুভূতি
যার সঙ্গে শেষঅব্দি চলে আমার দৃষ্টি!

নবজাগরণের উচ্চারণ

আমি একজন কবি
এবং চিন্তাবিদ
আমি শাসকের চোখে ধুলো দিয়ে
সাদা পাতায় কালো অক্ষরের কারিগর
শাসকের বিশ্বাস অর্জনে আমি ব্যার্থ
আমি দেখি আমার শিকড়ে
নৈঃশব্দের বিপুল বিস্তার
যা ডানা মেলে
কামনা করে মুক্তির
আমি শুনেছি আমার কন্ঠস্বর
যা নবজাগরণের উচ্চারণ
আমি আমার প্রভুদের জন্য প্রার্থনা করি
যন্ত্রণাক্ত রক্তপাত থু থু আর অজস্র ঘৃণা!

সূর্যাস্তের শূন্য আঁধারে

তোমাদের পারিপার্শিকতা
যদি তোমাদের অতিক্রম করে
এবং বিশাল একটি দৈত্যের মতো
প্রতিভাত হয়
এবং তোমরা তোমাদেরকে
ভীষন ছোট উপলব্ধি কর
তবে এ কথা হলফ করে বলা যায় যে
তোমরা মুক্তি চাইছ
এই দমবন্ধ পরিস্থিতি থেকে
কিন্তু তোমাদের চেষ্টা
আটকে আছে সূচক থেকে
বহুদূরে! চিন্তা করো না, এখানে
আমাদের মতো ছোট
একটি প্রজাতি বাস করে
যারা ছকের বাইরে দাঁড়িয়ে
মুক্তির চাবি তুলে দিতে চায় তোমাদের হাতে

তোমরা যে ভাবে নিজেদের বাঁচাতে চাও
যেভাবে নিজেদের যত্ন নাও, আমাদের
হাতগুলো আমাদের অনার্জিত
স্বপ্নের সুরক্ষাবলয়ের পরিধিতে

তোমাদের মুক্ত করে দেবে
যেন তোমরা হেঁটে যেতে পার
পরিস্থিতিকে উপেক্ষা করে
যেন যুদ্ধের মুহূর্তে শেষ পরীক্ষায় উত্তীর্ণ হতে পার
যেন শেষ ঘন্টা তোমাদের জন্য একটি নতুন সময় তৈরি করে
যা সূর্যাস্তের শূন্য আঁধারে পবিত্র মন্ত্রের মতো তোমাদের রক্ষা করে

অবচেতনের তীরে

// সেদিন যখন মৃত্যু আপনার
পায়ের কাছে এসে দাঁড়িয়েছিল
আমার মনে হয়েছিল, সে যেন
আপনার দিকে তাকিয়ে আছে
একবার ভাবুন দেখি
আপনি তার ত্বক স্পর্শ করছেন
যে ত্বক
কখনোই রুক্ষ নয়
একটি শিশুর সারল্যের মতো সুন্দর
যা কেউ জানে না
আপনি তার পুরুষাঙ্গটিকে স্পর্শ করলেন
কী বিস্ময়! যখন আপনি জানতে পারলেন যে
মৃত্যু ততটাই বহন করে যতটা রাত্রি বহন করে নগ্নতা
অথচ আমি ভেবে পাইনা কেন আমি এই দেহভূতটাকে
ভয় করি
তার কুঠার এবং কালো পুষাকের আড়ালে
সে কি আমারই মতো মারাত্মক!

// একদিন আমি ওকে
মধ্যাহ্ন ভোজনে আমন্ত্রণ করি
প্রশংসা করি তার গাঢ় ঠোঁটের
সে তার পুরুষত্ব উপলব্ধি করে মেয়েলি দৃঢ়তায়

ঠিক যেমন বালির দূর্গ তৈরি করে ঢেউ
আজ আমি তার দুর্বলতা জেনে গেছি
আমি অস্বীকার করিনা
ঘৃণা এবং চাওয়ার সীমা অতিক্রম করার সময়
আমি সন্দেহের বৃত্তে আটকে ছিলাম!

// সেদিন আমি ভুল করেছি
তাকে আমি অঙ্গীকারবদ্ধ করিনি কারণ
আমি ভয় পেয়েছিলাম এবং
শুনেছিলাম নীলনভোব্যাপী মরনের নিবিড় আহবান
আজ যদি আর একবার সেই ঘটনার
পুনরাবৃত্তি ঘটে তবে
আমি তাকে স্পর্শ করব, টেনে তুলব বুকে
চুম্বন করব, পুনরুজ্জীবিত করব
আশ্বস্ত করব তাকে যে
একদিন আমার হাত দেব তাকে
সে শুধু সময় প্রদীপ জ্বালিয়ে রাখুক অবচেতনের
তীরে!

রাত্রির স্তবগান

// টেনে নামিয়ে আন
চেতনার স্বর্গীয় সত্তাকে
একথা প্রমানিত করতে যে
নিয়তি আমাদের নিজস্ব আর
যা নয় তাই তুলনাহীন! ছুরি হাতে
আমার হৃদয়ের দরজায় আমি স্তম্ভিত
কারণ যে রিপুগুলিকে আমি খুন করতে চাই
ওরা বার বার ফিরে ফিরে আসে
আমার কাছে সর্বনাশের আশা নিয়ে!

// সেই শব্দগুলি কোথায়
যেগুলি আমি খোঁজছি শব্দকোষে
যা রাজহাঁসের মতো আলোকিত
আমাদের নীরব বোধের মরুভূমিতে!

// কোথায় হারিয়ে গেল
সেই সব মানুষগুলো এবং তাদের দর্শন
এখন
ইঁদুর এবং হায়নারা
তাঁবু ফেলেছে আমাদের
হৃদয়ের আশেপাশে! একদিকে
নিঃশব্দে কেটে চলেছে আমাদের

স্নেহ মায়া ভালবাসা আর সহনশীলতার বাঁধন
অন্যদিকে হায়নার চীৎকার ভেঙ্গে ফেলছে রাত্রির
স্তবগান!

// আমি কোন তারকা নই যে
উঁচু মিনারে দাঁড়িয়ে হাত নাড়ব অথবা
হাত গুঁটিয়ে বসে উপভোগ করব
শহরের ছোট ছোট নরকগুলির
নরককুণ্ড হয়ে উঠার কাহিনী
আমি নিজেকে রক্তাক্ত করে
মৃত সূর্যের মতো পুনরায় জেগে উঠবো
তুমুল ঝড়ের গায়ে শৃঙ্খলার লাগাম পরিয়ে দিতে!

নির্মাণের ত্রুটি

// সমস্ত অনিয়মিত আচরণের বিরুদ্ধে
আমি নিয়তির মতো স্থির হয়ে থাকার চেষ্টা করি
কিন্তু পরিস্থিতির চাপে অনেকসময়ই
আমি হররার মতো কাজ করি
অন্যথায় চুপচাপ পড়ে থাকি
বিধিবদ্ধ ভাবে
এবং
দীর্ঘ অপেক্ষায় থাকি ফাটলের
যে ফাটলের জন্য আমি সরাসরি দায়ী
করতে পারি আপনাদেরকে! আপনাদের
হাতেই আমার দুর্ভাগ্যের সূচনা
আর যদি তা না হতো
আমি পড়ে থাকতে চাইতাম একইভাবে স্থির নিশ্চল
যেমন গ্রহেরা পড়ে থাকে নিজস্ব কক্ষপথে!

// আমার অনিয়মিত রাগ
বিন্দু বিন্দু অভিমানের অতল স্পর্শ করে
বিষাদের টেথিস সাগরে! আমি
ভেঙ্গে পড়া কান্নায় প্যাসেজ আহত
ক্রমবর্ধমান তেজস্ক্রিয়তার বিরুদ্ধে
গলে যেতে যেতে

দূরবর্তী তারাদের কাছে
বিবশের মতো
তীব্র বেদনার শব্দহীন গল্প রেখে যাই!

// ভুল রাতের কাজ হচ্ছে
ভুল পথে পরিচালিত করা
যেমন জৈব হত্যা একটি মারাত্মক ভুল পথ
যে পথ আমাকে ঠেলে দেয় অন্য একটি ভুল পথে!

// যখন আমি জলের সঙ্গে গাঁটছড়া বাঁধি
অর্ধেক চুম্বনে ভেজা শরীর নিয়ে
তখন আমি
পূর্ণ দেহ চাইনা!
এই আরক্ত পায়ের চিহ্ন বিচলিত সময়ে
আমি মৃতপ্রায় হিমবাহ থেকে
ভর একত্রিত করে
ঝড়ের মতো নেমে আসি
ক্লান্ত অবসন্ন!

// শিলা আমি ততক্ষণ
যতক্ষণ পর্যন্ত আমার শিখরে অবস্থান
আমি ধরে রাখতে পারিনা আমার নগ্ন খোদাই দেহ
কারণ আমি যৌন সঙ্গমে অপারগ
তাই লজ্জার জটিল যঞ্জে
কৃতজ্ঞতায় গ্রহন করি
রূপক পাথরের প্রতিটি খণ্ড
আমি নির্মাণের এই ত্রুটির দিকে আপনাদের দৃষ্টি
আকর্ষণ করছি

এই ত্রুটি কার! একে এড়িয়ে যাওয়া কতটুকুইবা সঙ্গত?

অতিমারি

// এই অপমানের শেষ প্রহরে
যখন মরাপুড়ার স্বাদ শরীরে
আর বুক থেকে টেনে তুলছে দিনের সূর্যাস্তকুঠার
তখন তিনি লাল আকাশের দিকে ঝুঁকে
সন্ধ্যার শহরগুলিতে দাঁড়িয়ে শোক প্রকাশ করছেন
অক্সিজেন সিলিন্ডার শূন্য হাসপাতালগুলিতে
তীব্র মহামারীতে আক্রান্ত হাজারো মানুষের অবাঞ্ছিত
মৃত্যুতে
সুখের স্মৃতিগুলি এখন কেমন যেন দম বন্ধ মনে হয়
মৃত্যুর চাপে ভারাক্রান্ত শহরের দুঃখ দুর্দশাগ্রস্ত জীবনে
মাতৃদুগ্ধের মতো সাদা ভোরগুলো
দ্রষ্টা হয়ে ওঠছে লগ্নভ্রষ্ট সময়ের

// যখন তার মুখের ভিতরে
নিজের মুখটা নামিয়ে এনে
আপ্রাণ চেষ্টা করছিলাম একটু
জীবনের হাওয়া ঢেলে দিতে মৃত ফুসফুসে
তখন আমার চোখের মোহনায় একটু একটু করে
ডুবে যাচ্ছিল ক্লান্ত সূর্য ডানায় অন্ধকার ঝরিয়ে
সেই থেকে মৃতদেহ আগলে বসে আছি আটচল্লিশ ঘন্টা
ধরে

তার (ঈশ্বরের) উপহারের নিচে আমার সাহায্যের হাত
এবং আমার ঘুমের জন্য তার কাঁধ (মৃত দেহ)
যে কাঁধ একদিন ছিল আমার ভরসা
এখন আমি তাকিয়ে আছি আকাশের দিকে
যা এখন আমার একমাত্র ছাঁদ
যার নীচে আমার দুটি বাচ্চা
হয়তো পড়ে আছে কোথাও

আকস্মিক আঘাতের বিহ্বলতায়
আমিতো বড় সমুদ্র চেয়েছিলাম
ঈশ্বরের কাছে
স্বামী এবং আমার বাচ্চাদের
উজ্জ্বল ভবিষ্যতের জন্য
তোমরা যারা লাইন দিয়ে দাঁড়িয়ে আছ
আমারই মতো মৃতদেহ সৎকার করবে বলে
তোমরা কি শুনেছ, মন কি বাতে
যা দুঃস্বপ্নের গভীরে মিথ্যা স্বপ্নের জাল বুনে সান্ধ্যমায়ায়

// আজকাল নানাভাবে
বিধি নিষেধের আঁচড় পড়ছে
সামাজিক মাধ্যমগুলোর 'পর কারণ
শাসকরা এখন অনেক বেশি
বাহুবলী অসহিষ্ণু
শিরদাঁড়ার ব্যাথায় ক্লান্ত
এখন আমি শ্রীঘরে বন্দী কারণ
আমার স্বামীর মৃত্যু আমি মেনে নিতে পারিনি
সামাজিক মাধ্যমে তাই উগরে দিয়েছি
তীব্র ব্যাথা নগ্ন স্পষ্ট উচ্চারণে

আজ আমার দুচোখ হারিয়েছে আকাশ
ভেঙ্গে গেছে হৃদয়
অপমান আর লাঞ্ছনার শেষ প্রহরে
দিনের সূর্যাস্তকুঠার ভেদ করেছে স্তনের দৃপ্ত বোঁটা

রাধে

এক

তুমি
আমাকে বলেছিলে
আমাকে একটু ঠাঁই দাও
সেই বিশাল শূন্যতায়
যেখানে অন্যমনস্ক বাতাস
আমাদের অনুভূতিগুলোকে পরিস্কার করে
অথবা সেই অসীমে যা
আমাদেরকে সমস্ত সংকীর্ণতা থেকে মুক্ত করে
রাধে!
বিভ্রান্ত আমি
তোমাকে না বলতে পারিনি
না বলাটাও যে একটা শিল্প
শিখতে হয়! ভুলেই গিয়েছিলাম রাধে
সেদিন তুমি শাড়ি পরেছিলে
তাঁতের তৈরি! কথা বলছিলে
পুঁজিবাদের বিরুদ্ধে! অর্থনৈতিক বৈষম্যের বিরুদ্ধে
তোমাকে দেখে মনে হচ্ছিল, তুমি যেন
ঘুমন্ত দূরের মতো স্বপ্নে আঁকা! আমার
ভাললাগা পলক পড়ছিল না! তুমি আমার

কাছ ঘেঁষে এলে! বললে, আমি দূর নক্ষত্রের
কাছে চলে যেতে চাই পৃথিবীর অন্য সব এনকাউন্টার
থেকে বাঁচতে

দুই

রাধে
মাঝে মাঝে আমি
আকাশের ছবি আঁকি! আকাশ ভালবাসি
দূরবীক্ষণ যন্ত্রে চোখ রাখি মহাকাশে
আর তোমাকে লাফাতে দেখি
মহাবিশ্বের ট্রাম্পোলিনে
যেখানে একটি সুন্দর স্কাইলাইট আছে যা
জেরুজালেমের পবিত্র দোলনা
অথবা তোমার সমস্ত তারকা জিজ্ঞাসার উত্তর
তুমি ঝুলে থাকতে পার
সমস্ত অনুভূতির বীক্ষণ থেকে
চাঁদের মতো! তারাদের ঝুলন্ত ভালবাসা
ছুঁয়ে ছুঁয়ে যায় তোমার মন্ত্রমুগ্ধ গ্রীবা

তিন

রাধে
আমি স্থির করে নিয়েছি
আমি মাধ্যাকর্ষণকে আরও তীক্ষ্ণ করে তুলব
তোমাকে নামিয়ে আনব আমি
অসহ্য ক্ষুধার শরীরে
তুমি জানতে চেওনা
কখন নৌকার মুখে তুফান ছিটকে পড়ে

তুমি শুধু ঝাঁপিয়ে পড়
সূর্যাস্তের আগুনে
আমি আমার আত্মপ্রেমের বিরুদ্ধে দাঁড়িয়ে
এই অন্তিম মুহূর্তকে ধরে রাখতে চাইছি
এই দ্বিধা বিভক্ত পৃথিবীতে

আমি সব আশা হারিয়ে ফেলেছি রাধে
আমি কি তবে হেরে যাচ্ছি দূর বীক্ষণ যন্ত্রের কাছে?

ত্রিপদী

এক

তখন মধ্যাহ্ন পেরোনো রোদে
পবিত্র মন্ত্রের মতো নির্জনতা নামে
উপকূল জুড়ে। দূর সমুদ্রে মাস্তুলের ইশারা
তরঙ্গ নৈকট্য খোঁজে হৃৎশব্দ সৈকতে ......!

দুই

লাফ দিয়ে উঠা
দূর পাহাড়ের চূড়া
যেন শূন্যের মধ্যে আঁকা
যেখানে এসে থমকে দাঁড়ায় পৃথিবীর শেষ রেখা!

তিন

আমাদের ক্লান্ত দুপুর
বিকেল এড়িয়ে ছুঁয়েছে সূর্যাস্তের শরীর
আমরা শুধু ছিন্ন সময়ের ক্রম নিঃশেষিত বুদ্বুদ
যতক্ষণ না প্রেম এসে ডেকে নিয়ে যায়
তার অনিঃশেষ বেদনাঘেরা তীব্র আনন্দের ঊর্ণালোকে!

কখন ডাক আসবে

অনন্ত সময়ের বাঁকে দাঁড়িয়ে আছ তুমি
দ্রুত নিঃশেষ হয়ে যাচ্ছে তোমার সময়
পাঁজরের ভাঙ্গা হাড়ে
ভেঙ্গে পড়া সময়ের শব্দ
দ্রুত শেষ কর সেই সব কাজ
যার জন্য বেঁচে আছ তুমি!

কে জানে কখন
ডাক আসবে শেষ পরাণের কড়ি গুণে নেয়ার!

সোনালী আলো

ওরা পড়ে আছে ফসলের মাঠে
প্রজাপতি ভোর থেকে
প্রতীক্ষার বীজ বুনে চলেছে লাঙলের ফলায়
মঞ্জরীবদ্ধ ফসলের দানা দেখবে বলে আউশ ধানের ডগায়!

ওদের প্রত্যাশার গভীরে জন্ম নেয় বিপ্লবের সবুজ স্বপ্ন
যার নিউক্লিয়াসে ভরা থাকে ইলেকট্রনের সবুজ শক্তি!

বাসনার অঙ্কুর ফুটে ওঠা অব্দি
শ্রমিকের স্বপ্ন খোঁজে চলে অধরা জীবনের পূর্ণতা
কারণ পৃথিবীর সব শ্রমেই থেকে যায় প্রত্যাশার বিন্দু
যেমন দিনের শেষেও থেকে যায় নক্ষত্রের রাত্রি!

মধ্যবিত্তের মুখ

হিমঠাণ্ডা রাত
শীতের তীব্র ছুঁবল
শহরের কানাচে আনাচে!
কেউ কোথাও নেই! শুধু রক্তিম চাঁদ নেমে এসেছে
কাছাড়ি সংলগ্ন দিঘির জলে! মনে হয় যেন
ঘৃণার আগুনে লাল কোন মধ্যবিত্তের মুখ!

আলোকবর্ষ দূরে মাথার উপর অসংখ্য চিন্তিত তারারা
ফ্যাকাশে!

জীবন চক্র

শেষ রাত

রাতের মৃতদেহে
ফজরের নামাজের শব্দ
ঝরেপড়ে মুগ্ধতার মন্ত্রপাঠে!
হিমেল হাওয়ায় কি যেন কাঁপে
মিশে যায় রাতশেষ নীরবতার প্রগাঢ় শূন্যতায়!
গত জন্মের আদর চিহ্ন গায়ে নিয়ে
উজানের চাঁদ ভেসে চলে
মেঘের বাহুডোরে!
বৃষ্টি নামে
মেঘের চমকিত ইশারায়
ভিজে উঠে হাতে লেখা পৃথিবীর ধূসর পাণ্ডুলিপি!

পাটভাঙ্গা সকাল

রাতের নেশা পার করে
জেগে ওঠা আয়না ভাঙ্গা ভোরের শহর
হকারের চীৎকার! সাইকেল রিক্সার

টুং-টাং আওয়াজ! সূর্যের
অলস আলো আর
রাস্তার পাশে জমে উঠা
চুরান্ত অবক্ষয়!
অযান্ত্রিক জীবনের এলোমেলো দৃষ্টি
কাঁচ ভাঙ্গা রাস্তায় অগনিত মানুষের ঢল!

আমন্ত্রণ

কে ডাকে আমাকে
এমন নিঃশব্দ ডাক আর
কি শুনেছি এর আগে! এ যেন
দূর সীমাহীন সমুদ্রের শেষহীন প্রশ্ন
ওগো একবার আসবে তুমি একটু অবসরে ?

নগর নন্দিনী

পড়ন্ত বেলা ছেড়ে যায়নি এখনো ছায়ার শরীর
বহুদূরের গন্ধ খোঁজি আমি রাতের নিরালায়!

দারিদ্রের অবশিষ্টরা
শুয়ে আছে তন্দ্রায়
পথের কিনারায়
যারা অভিধানের

আলো ভরা ঘরে
ছুঁড়ে দেয় বেদনার্ত নির্জনতা
এমনি একটি শীর্ণ হাত হাত বাড়ায়
তার দীর্ণ মুখে প্রাচীন পৃথিবীর নীরবতা!
উপরে ঈশ্বর আকাশ আর ধু ধু নীল শূন্যতা!

মৃত্যু

টপটপ করে মৃত্যু নামে
নিঃশব্দ শহরের কার্নিশ বেয়ে!

এখানে কেউ কারো নয়
সবাই একা!

এখানে আলো নেই
ভূগোলের পৃষ্ঠা জুড়ে
শুধু সর্বসান্ত অন্ধকার!
চিন্তার অন্ধকার
ভাবনার অন্ধকার
তীব্র আলোয় চোখ ঝলসানো অন্ধকার
অন্ধকার ছড়ায় শহরের প্রতিটি অঙ্গসন্ধী ঘিরে!

অনিঃশেষ রাত
কুয়াশা ভেজা বাতাস
তোমার কম্পিত ঠোঁটে
ক্যাকটাস মৃত্যু!
চক্রের মতো কাটে সময়
বলিরেখা ফুটে উঠে
স্থবির মেঘের বিবর্ণ মুখে
আমি মাথা নত করি ধূসর পৃথিবীর ঘুমন্ত বালিসে!

স্তব্ধ রাত্রির ক্লান্ত অঘরী

না নানা
কিচ্ছু হতে পারিনি আমি!
সেই ছোটবেলা থেকে আজ অব্দি
নিয়ম আর শৃঙ্খলে আটকে ছিলাম
সমুদ্র থেকে দূরে! আর সমুদ্র সরে গেছে
নদীর মতো প্রতিদিন দূর থেকে বহুদূরে!

স্রেফ কিচ্ছু না হতে পারার সাহস
প্রয়োজন ছিল আমার যা ছিল না আমার কোনকালে!
জীবনভর তাই শুধু প্রতীক্ষা করেছি আর
তিলে তিলে দেখেছি
প্রত্যাশার মৃত্যু!
স্বপ্নের সমাধি!
আর ভেঙ্গে পড়তে দেখেছি শূন্য বাতাসে জীবনের
উড়ান!

ঝেড়ে ফেলেছি জীবন থেকে সেই সবকিচ্ছু
যা ছিল আমার অবিচ্ছেদ্যভাবে নিকটতম!

একসময় নিঃশব্দ রাত্রির অন্ধকারে বসে
মোমের আলোয় রেখা টানতাম দূর পৃথিবীর
উড়ন্ত পাখির ডানায় ভেসে ছুঁয়ে আসতাম মেঘের
বারান্দা!
আমার ভাল লাগে না
আর ভাল লাগেনা কোনকিছুই!
কি দিয়েছে আমাকে গাদাগাদা মুখস্থ করা পাঠ্যবই?

এই সংসার শুধু শূন্য রিক্ততায় বেঁধেছে আমাকে
চেতনে অবচেতনে আমি শুধু শুনেছি নিঃসঙ্গ পথিকের
ডাক!
এক মহাশূন্যতায়
কে যেন বেঁধে রেখেছে আমাকে
সমান্তরাল জীবনে সামঞ্জস্যপূর্ণ অবিন্যস্ত সুতোর মালায়?
কি হতে পেরেছি আমি?
কিচ্ছু না! কিচ্ছু না!
শুধু রহস্যে মোড়া পৃথিবীর উপন্যাসের এক নিরেট
অধ্যায় ছাড়া!

সমস্ত উচ্চাসার নিচে
যদি আমাকে খোঁজে দেখ একবার
বিজ্ঞের বিচারে যা কিছু চরমতম অসন্মানের
সেই চুরান্ত চূর্ণবিচূর্ণ নামহীন স্থানে

নিখোঁজ আমি! মনে হয় যেন আমি
এই পৃথিবীর পান্থশালায় দাঁড়িয়ে থাকা স্তব্ধ রাত্রির এক ক্লান্ত অঘরী!

প্রথম গোধূলি

প্রথম গোধূলি
আর গোধূলির চক্রের নিচে
পলাতক গাছেদের ছায়া!
ক্লান্ত পাতার শিরা উপশিরা
আমি পড়ে আছি একা উদাসীন পৃথিবী দিয়ে ঢাকা!

প্রথম দেখা
রুদ্র মুহম্মদ শহিদুল্লাহর
শ্রেষ্ঠ কবিতা! প্রচণ্ড বিস্ময়!
মলাটের নিচে পৃথিবী জুড়া ক্যানভাস
কত রং আর বিচিত্র জীবনের নামহীন উপস্থিতি!

পাটভাঙ্গা
ডোরাকাটা নীল শাড়ি
প্রসারিত দুটি হাত
প্রথম প্রেমের দুরন্ত অভিসার
কবোষ্ণ নিঃশ্বাস
দুটি মন

বহুদূর দিগন্তে
দৃশ্যমান ট্রেনলাইনের একটিই রেখা!
প্রথম ছুঁয়া প্রথম স্পর্শ প্রথম শিহরণ
মায়াবী দুচোখ আমাকে দগ্ধ করে দিগন্তে জ্বলা আগুন!

কবিতার অধিবৃত্ত

আমার বর্ণমালা ভরা
অন্তরীক্ষ যেখানে শেষ
সেখান থেকে শুরু খোলা দিগন্ত!
তোমার সমস্ত বুঝা নাবুঝা যেখানে শেষ
সেখান থেকে বাঁক নেয় নদী সমুদ্রে!
তোমার অভিসারি চোখ যেদিকে ফেলে তৃষ্ণার দৃষ্টি
সেখানে শুধু পোড়াকাঠ আর ভাঙ্গা কলসের সারি!

একদিন এই তুমিই ছিলে পুরুষের অহংকার, লুব্ধ প্রার্থনা
অবিশ্রায়ণবিন্দু থেকে উঠে আসা কবিতার অধিবৃত্ত!

যাপনকথা

যাপন যত উন্নত হয়ে উঠেছে
শহরের ঝিকমিক আলোয়
আমার কবিতা ততই
খোঁজে পেতে চাইছে অন্ধকারের অতল!

দূর দিগন্তে কারখানার ধোঁয়া
শূন্য হতে হতে উধাও
শ্রমজীবীর বেঁচে থাকার পরিসর
ক্রমশ ক্ষীণ হতে হতে রেখায় অদৃশ্য!

জানোয়ারে ভরা প্রগতির জঙ্গলে
কবিতার শব্দগুলো যেন শুধু ক্ষনস্থায়ী কান্নার তীব্র
ভাষা!

মুঠো ভরা অন্ধকার

আমি ভোরের কাপড়
এবং আমার মায়ের শরীর ভেঙ্গে জন্মেছি!
আমার সর্বশক্তি দিয়ে কান্না আর চীৎকারে
জানিয়েছি আমর উপস্থিতি!

চীৎকার একটা মানসিক উদ্বেগ তাড়িত অবস্থা যা
সেদিন থেকে আজ অব্দি আমার
আনন্দ ভালবাসাকে আচ্ছন্ন করে আছে
যার জন্য আমি কোনদিন
গোলপোস্টে বল রাখতে পারিনি!

আমি প্রতিমুহূর্তেই হারাই তেঁতুল গাছের নিচে জমানো
প্রেমর গল্প!

কথাবলা পুতুলের মতো
অনেকেই আমাকে ছুঁড়ে ফেলে গেছে
আমার একজন শিক্ষক ছিলেন
তাঁর কাঠবিড়ালের চোখ ছিল

সে আমাকে ছুঁয়েছে যতনা
চেঁখেছে তার চতুর্গুণ!

আমি আমাকে তাই শিখাই কি করে কাগজের উপর হাঁটতে হয়!
চলে গেছে সেই সব দিন
অতসী গাছের নিচে জমে উঠা অতসীর গল্প
এখন বাতাস শুধু বিচ্ছিন্ন করে
আর বৃন্ত থেকে খসে পড়ে বোঁটা

একফুটা অশ্রু আর একটা ভয়
একটাই ধাপ
পৃথিবীর বেঁচে থাকার
একটিই ঘাঘরা
দুলে দুলে উঠে
তার চোখে আমন্ত্রণ
তার কন্ঠস্বরে যাদু
তার স্তনে পূর্ণ চাঁদের বৈভব
হাজারো দৃষ্টি সংঘবদ্ধ
হা হয়ে দাঁড়িয়ে মধু গিলছে শিশু যুবক পৌঢ়!

সবাই যখন বলে আমরা দ্রুত এগিয়ে চলছি উৎকর্ষের দিকে
আমি তখন শুধু মুঠো ভরা অন্ধকার দেখি আমার চারপাশে!

কম্পন রেখে যেতে চাই

এক

অহংকারের জপমালায়
টিপটিপ শব্দ পড়ে
অন্ধকারে
যেমন খসে পড়ে
আশ্বিনের শিথিল বৃন্তথেকে
শেফালিকা!

আজ এই একলা ঘরের
ধূসর স্তব্ধতায় বসে কেবলই মনে হয়
শব্দ শুনি দিনের শরীরে নেমে আসা রাতের!
শব্দ শুনি সবুজ কলাপাতার ডগায়
ধরে রাখা শিশিরের পতনের শব্দ!
নির্জন নদীতীরে বসে কানপেতে
শুনি বয়ে যাওয়া জলের
তিরতির শব্দ অথবা
বহুদূর থেকে আসা শূন্য
বাতাসে চিরে যাওয়া দীর্ণ প্রেমের শব্দ!

দুই

আমার চেতন-অবচেতনে
শরীর মন নেমে আসে
ছবির মতন
কবেকার সেই খড়ে ছাওয়া বাঁশের ঘর
যেখানে বাঁকা চাঁদ
আলো ফেলে আশ্বিনের শেষে!
লাঠির কবজে ভর দিয়ে
উঠে দাঁড়াই বেলকোণীর নিরালায়
বহুদূর নক্ষত্র থেকে মনেহয়
শব্দশুনি ঘুমে আচ্ছন্ন বিচিত্র পৃথিবীর!
তোমার অবগুন্ঠনে ঢাকা স্তব্ধ পৃথিবীর
প্রান্তরেখায় দাঁড়িয়ে আজও যেন
আমি মুগ্ধ বালকের বিস্ময়ে দেখি
আমপুকুরের জলে
সূর্যের গলানো সোনার উজ্জ্বল ছবি!
ঢেকীর কাঠে শুনি তোমার পলাতকা চরনের ধ্বনি
যেন স্রোতের মতো গুঞ্জিত কবিতা
আমার চিরজীবনের নেশাগ্রস্ত মুগ্ধতা!

তিন

আর প্রকাশনার দিকে
ফিরে যেতে ইচ্ছে করে না
মনের গভীরে ফুরিয়েছে রচনার তাগিদ
খাতার অন্তিম পাতাগুলো
পড়ে আছে স্থির

এখনো খোঁজি
টুকরো টুকরো জীবনের সমগ্রতা
ছোট ছোট ভাবনাগুলো
উড়ে উড়ে আসে
স্পন্দিত হয়
দিনশেষের নিঃশ্বাসে
তারই কম্পন রেখে যেতে চাই
শিশিরের মুক্ত ভরা মাকড়সার জালে!

www.ingramcontent.com/pod-product-compliance
Lightning Source LLC
La Vergne TN
LVHW052305140926
848035LV00046B/909